ZEITBILDER

F. Josef Ingermann

ZEITBILDER
gefunden und erfunden

lyrik und anderes

Bibliografische Information der Deutschen Nationalbibliothek:
Die Deutsche Nationalbibliothek verzeichnet diese Publikation
in der Deutschen Nationalbibliografie; detaillierte bibliografische
Daten sind im Internet über http://dnb.dnb.de abrufbar.

© 2020 F. Josef Ingermann
Grafik: Viktoria Raikina/ tanyabosyk/ Shutterstock.com
Satz, Umschlaggestaltung, Herstellung und Verlag:
BoD – Books on Demand, Norderstedt

ISBN: 978-3-7504-7373-7

die 1980er jahre:

hunderttausende gegen pershings und
cruise missiles

atomreaktor–katastrophe von tschernobyl

hungerkatastrophe in äthiopien

fall der berliner mauer

die stadt

der aufmarschplatz
über den zugeschütteten tälern
und den eingeebneten bergen
und die träume

von tälern und bergen

wahlplakate

es ist herbst
die müden lügen
fallen von den wänden
sie weichen auf
und werden zertreten

new york

in einer eiskalten nacht
steht in der zweiundvierzigsten straße in
new york
ein barfüßiger
in lumpen gehüllter
bis auf die knochen abgemagerter
steinzeitmensch
und niemand grüßt ihn

für a. paul weber

kreuzschwingender wahn
quält
foltert
milliardenimperien häuten sich
aus nazimonstern
computergesteuerte apokalypse
teilt die welt auf
ordenbehängte ignoranz
feiert
orgien am abgrund

die masken des hungers

kaffee wieder billiger
chiquita
kakaomarkt blieb frei
internationales abkommen griff nicht
zuwachs im milliardärsclub
produktion auf den export ausrichten
gewinne transferieren
staatsausgaben senken

warum sind wir nicht neugierig?

warum schauen wir nicht hinter diese masken?

haben wir die ahnung,
        uns selbst dahinter zu entdecken?

zur erinnerung

ab jenem wochenende im mai 1986
meldete das radio
die kinder sollten nicht in sandkästen spielen
das vieh sollte nicht auf die weide
die polizei in bonn schob sonderdienst
mit jodtabletten ausgerüstet

am abend spielte charly nur noch
ludwig hirsch
das lied von der toten rußgeschwärzten erde
brüllte er verzweifelt und besoffen durch
die kneipe
die spießer hätten es doch wissen müssen
wie oft ist es schon gesagt worden
aber sie glauben es wahrscheinlich jetzt
noch nicht

für a. paul weber II

feindliche heere herrschen im land
gräber
von sklaven für sklaven
werden gegraben
die herrscher treiben zur tödlichen eile

widmung

dem arbeitslosen
der am fenster sitzt
und auf die grauen mauern starrt
und wartet

träume fort

ich kotze mir meine träume
vor die füße
und schaue sie mir
nicht mal mehr an

jahresende 1988

am ende dieses jahres
schreibe ich
da ich sie nicht mehr brauche
die leeren kalenderseiten voll
macht sich müdigkeit breit
grüßt sich das nichts
von betonwand zu betonwand
ist alles gekauft
fast alles verkauft
wird noch ein letzter blick
auf die hungernden in afrika geworfen
von journalisten
die glauben
noch etwas sagen zu können
wird die schmerzhafte
vergangenheit kommentiert

wessen vergangenheit?

sardinien

ein bild
ein verschwommenes
haben sie mir gegeben
die ausgedörrten hügel des sommers
zwischen macomer und olbia
mit ihren schwarzen steinen und mauern
eine ahnung
von der unmöglichkeit
einer reise ins innere

bilder

lichter von gestern
die befreit vom gestern
das heute bestimmen

meine gedichte

und dann habe ich liebesgedichte
im buchladen gesehen
wollte sie mir kaufen
dachte dann aber
ich mache sie mir selbst
meine gedichte
meine geschichte

verfälscht I

mein bild von dir
ist ein bild
von deinem bild
von dir

verfälscht II

ich hätte so gerne gewusst
wer du bist
aber ich habe nur einen film
von dem was du tust
gesehen

zum winter

ich möchte
eine katze
und heringe
und große
und kleine menschen
einen tisch und eine bank
und ein paar stühle
und einen bollerofen
in eine stube malen
und dich und mich dazu

neue worte

wir brauchen neue worte
die das schweigen ausfüllen
und uns eine neue freiheit geben

inieren

intrigieren
indignieren
infiltrieren
inhaftieren
investieren

intonieren
inspirieren
interessieren

inaugurieren

frage

kraft
spannung
schönheit
leiden
angst
trauer
lüge
wahrheit
wärme

antwort?

gomera 1989

lechzend reißen sie
der tochter des gran rey
die tücher vom leib
um sie als reliquien zu verhökern

und trotzdem
und vielleicht deswegen
lächelt sie geheimnisvoll
blickt sie aufs meer
das sie befreien wird

die 1990er jahre:

die mär von der Entwicklungshilfe

wiedervereinigung

der mob schlägt zu – brandanschlag auf flüchtlingsheim in rostock

fast eine million tote bei völkermord in ruanda

achttausend tote bei massaker von srebrenica

in memoriam
(nach einer reportage von jürgen dauth)

sie pflanzten bergreis
und lebten nach den gesetzen der geister
doch wohin soll das samengat
die seele des reiskorns
flüchten wenn es nur noch gummibaum-
und ölpalmplantagen gibt

der lemambag
der verwalter der mythen
verstummt
und mit ihm die alten götter
doch ohne den sengalang burong
den schöpfergott
haben die iban kein tusut
läßt sich ihr name nicht in die
lange ahnenreihe einordnen
die mit dem schöpfergott beginnt
so sind die iban namenlos geworden

der christliche missionar
hat die drei himmel der ifugao auf
luzon eingerissen
und der doktor aus der stadt
den medizinmann
zum scharlatan erklärt

für dolo
dem häuptling der aeta auf negros
war der fortschritt zuviel
den wald hat er ihm genommen
das wild
und die wurzeln
geld hat er ihm aufgedrängt
ein reservat hat er ihm zugewiesen
in dem es ihm angeblich besser gehen sollte
der weiße architekt aus manila
hat ihm ein steinhaus zugewiesen
das ohne zustimmung der erdgeister
und ohne kenntnis der windrichtung
gebaut worden ist

da hat sich dolo immer mehr zu seinen
alten göttern
zurückgezogen
und seinen ganzen stamm mitgenommen
in den selbstmord

die dörfer der mossi in burkina faso

dörfer aus erde
dörfer aus lehm
die ihre endlichkeit verstehen
die eine endliche schönheit atmen
und einen unendlichen geist
die in ihrer endlichkeit
dem ewigen hauch des universums
ganz nahe sind

letzter dezembertag 1990 in ostberlin

fast mit verachtung
oder ist es nur verzweiflung?
kassiert die verkäuferin vierzehnmarkachtzig
für marx-engels ausgewählte werke

und ich denke an das gesprühte
auf dem sockel des marx-engels denkmals
wir sind unschuldig
steht da

der würgegriff

im würgegriff der automaten
röcheln wir noch die leise sehnsucht heraus
dass es dort unten
ja dort unten
in afrika oder so
noch menschen geben muss
die ihre
und vor allem
unsere menschlichkeit
bewahren sollen

august 1992

an diesem wochenende
als ich im café
an der promenade von binz sitze
ist gerade in rostock ein
asylantenwohnheim angezündet worden

ja, die schwarzen sind die schlimmsten
und die zigeuner
sagt am nebentisch ein vater
als er davon in der zeitung liest
in der runde seiner familie
im café
an der promenade von binz

asylanten

sie flüchteten
weil sie hungerten
und ihre kinder starben

sie waren willkommen

aber sie nahmen alles
das land
die götter
und das leben
der völker amerikas

die flüchtlinge aus den
hungergebieten europas

das ende der jahreszeiten

wenn die jahreszeiten aufhören
und die feste nur noch übers
fernsehen kommen
die täler zugeschüttet sind
die berge geschleift
und die seen immer wieder aufgefüllt
werden müssen
…
ja was dann?

megasysteme

mit der schaffung von megasystemen
zerstören wir die vielen kleinen welten
in denen wir überleben
und uns finden könnten

gegen die angst

am rande unseres dorfes
gabs einmal baracken
für kriegsgefangene des ersten weltkriegs
woher sie kamen weiß man nicht
nur dass sie im bergwerk schuften mussten
mehr wisse man ja nicht
man habe ja auch damals kaum kontakt gehabt

am rande unseres dorfes
nicht weit von dort
gab es auch einmal ein lager
für juden
alte menschen
man habe sie gesehen
wie sie durch das dorf dorthin getrieben wurden
woher sie kamen
und wohin sie dann gebracht wurden
das wisse man doch nicht
man konnte ja auch nicht mit ihnen reden

am rande unseres dorfes
gibts heute nahe dieser stelle
ein paar häuser
für asylanten und für obdachlose
man sieht sie häufig an der kirche
auf der bank
man muss dann einen bogen um sie machen

man weiß ja nicht
woher sie kommen
wer sie sind
man kennt sie ja auch gar nicht

verlassen

wir wollten es den göttern gleichtun
und jetzt haben sie sich abgewendet
sind wir verlassen
von den göttern
sie können nicht mehr helfen

mauern

unsere denkmuster
sind die mauern
die uns von der zukunft trennen

die innere sehnsucht

unser krieg
gegen uns selbst
ist ursache
für unseren krieg gegen andere
und der grund
für die sehnsucht
tief in uns
nach dem totalen krieg
der uns vom krieg gegen uns selbst
befreien soll

ein spiel

liebe
ein ständiges spiel
von flucht
und tastender annäherung

ein teufliches spiel

yes
it was a develish plan
he would always say
how much he loved her

ein fatales spiel

obwohl ich weiß
daß es ein scheißspiel ist
tut es mir immer wieder gut
sie zur nummer zwei zu machen

zwischen dom und peepshow

gotische spitzbögen
in denen der dreck der geschichte verbaut ist
für eine spende
die ehrlichkeit der lust
für eine mark
mit einem kurzen weg dazwischen

frage

liebe i s t nicht
sie wird g e g e b e n
oder?

freie gedanken?

denken
spielt sich nur noch dort öffentlich ab
wo dafür bezahlt wird
und bezahlt werden kann
die resultate sind entsprechend

heureka

wenn ich so dasitze
und mit meinen gefühlen und gedanken
diesen weg weiter
nicht mehr aufspüren kann

dann nehme ich einen stift
und schreibe
die fetzen
einer ahnung
von diesem weg
auf ein stück papier
und entdecke ihn neu

entwicklung I

die welt wird zur stadt
wo nichts mehr form annimmt
und wo sich alles
in metastatischer wucherung auflöst

die stärksten bestimmen ihre konturen
die schwächeren richten sich in den nischen ein

entwicklung II

immer neu lernen
müsse man
sagt man
immer mehr vergessen
heißt das

am ende auch sich selbst

jahrtausendwechsel

am ende des jahrtausends
werden wir
effektvoll
ohne ziel
ins nächste jahrtausend
getalkt

die 2000er jahre:

terroranschläge in den usa

krieg in afghanistan und im irak

*dreihunderttausend tsunami-tote im
indischen ozean*

*das system gerät ins wanken: weltweite
bankenkrise*

der klimawandel zeigt seine zerstörungskraft

im tacheles
oranienburger straße
berlin 2000

gerüste
steine
kisten
sand
eben baustelle
und rotes gelbes grünes licht
zu kneipen
in der ruine
und bänke stühle tresen
zwischen alledem im innenhof

eine junge frau bedient
erklärt touristen
die ehrfürchtig die unordnung genießen
alles sei bereits verkauft
investmentgruppe
und sie drangsalieren uns
sagt sie

und irgendwo in diesem chaos
hört man trommeln der vergangenheit
und sieht auf einem giebel
ein gemälde
riesig groß
beleuchtet

einen bischof
onanierend

er und die baukräne
in der umgebung
beherrschen in der abenddämmerung die szene
dieses sonntags

die stadt

ein gesichtsloser diktator
vor dem die körper
zwischen schrecken und begehren
verletzlich und verlangend
ins leere taumeln

der geist, die zeit und der glaube

der geist lässt leben und sterben
und der glaube nickt
beim almosengeben
und die zeit ist eine scheibe
dazwischen

liebe

liebe
kommt nicht mit dem schweigen aus
und nicht mit dem reinen wort

sie braucht das spiel und die geste

suchende worte

wenn die gefühle füreinander
schwer zu finden sind
bleiben die worte
um die gefühle
wieder aufzuspüren

für eric rohmer

von der liebe zu träumen
heißt nicht
sie zu erkennen
wenn sie kommt
oder ihr standzuhalten
wenn sie bleiben will

sehnsüchte

getragen
wie das sandkorn
mal vom wind
und mal vom wasser
sind sie wind
und sind sie wasser
weit im universum
verwelken
und erblühen sie
immer wieder neu

du bist die welt

für die welt
bist du irgendjemand

für irgendjemand
bist du vielleicht die welt

für dich
bist du auf jeden fall die welt
eine wunderschöne welt

mallorca

first impressions

planes
pour
loads of hopes
wrapped in fears
of devastated souls
over that
nevermore
innocent
island

last impressions

davidoff good life
on my table
die asche meiner mutter
blue sky
over these red brownish
mediterranean rooftiles
the smell
of yves saint laurants
rive gauche
with the sound of
the midas touch
facing
the immobile past and future

heimwerker

an und in ihren obi-barocken heimen
sägen hämmern bohren stutzen und shreddern
unheimliche werker
mit schrill schmerzenden geräuschen
alles so unheimlich klein

der finale genuss

die
zukunft
ist
am
ende

genießen
wir
den
rest

schreiben

hervorschreiben
hinstellen
was stranguliert
und mit dem schein
vollendeter harmlosigkeit
oder endzeitlicher katastrophe
daherkommt
und damit seine kälte
offenbart

die seele

mit dem sanften hauch aus deinem mund
und deinen zärtlichen blicken
fliege ich
im wind des frühlings
durch das licht des sommers
zum abendrot der zeit

dort erzähle ich
von den sprachen
deines mundes
deiner augen
und deiner hände

und ich werde tanzen

und ich werde wiederkommen

terrorismus

im konflikt mit sich selbst
klammert sich die globale allmacht
an ihre eigene logik der macht
vom tod besitzt sie keine vorstellung mehr
seit sie ihn in ihrer eigenen kultur
für null und nichtig erklärt hat

um den tod des terroristen herum
verdichtet sich das system
fällt in einen wundstarrkrampf
und geht an seiner eigenen
monströsen vollkommenheit
zugrunde

frage

werden
die hungrigen die satten fressen
oder
die satten die hungrigen?

im dezember 2001

versuchen selbsternannte retter afghanistan vor sich selbst zu retten gräbt man nach beweisen für die existenz der seele arbeiten künstler am projekt schock erstarrt in alle ewigkeit don't walk ! walk ! machen würgeengel jagd aufs völkerrecht richtet der doktor seinen sohn zum heiligen killer ab ertastet ein palästinensisches mädchen das gesicht ihres toten bruders beklagt man die unerträgliche flucht des geldes empfiehlt sich die dresdner bank als berater jeder mensch hat andere fragen die postbank bietet win-win-win-geschäfte kranke seelen brauchen hilfe schwermut in zahlen dreiundvierzig prozent der krankheitsjahre entfallen auf neuropsychiatrische störungen in schwierigen zeiten ist guter rat teuer ihre sparkassen und vermögensberater organisierte verantwortungslosigkeit wo die wissenschaft sich im unsichtbaren verliert immer unangreifbarer und immer unverständlicher wird da soll die kunst aushelfen kann die maschine niemals kunstwerk werden soll der metaphysische antrieb der die maschinenwelt befeuert im kunstwerk höchsten sinn erhalten und damit ruhe in sie bringen vw ist kunst so lautet ihre botschaft wird das auto ins unangreifbare enthoben wünscht man sich für die technik und ihren fortschritt dass sie uns als unausweichlich vorkommen und sich alle widersprüche in ihr aufheben lädt man ein zu den großen fragen um sie für immer zu verschlucken ich bin der der ich war aber wer war ich herr der ringe der fluchtpunkt heißt ordnung die hoffnung auf vorsehung und einen großen plan der die

individuen und rassen an ihren platz stellt um in diesem
gefüge raum für abenteuer zu finden us-amerikanische
zivilisierung versus talibanisches hidaya beides ist mythos
und wahnsinn entsandt in eine welt die nur noch aus dem
kino lernen kann selbstgeschaffene relationen in der logik
des vermeintlich nützlichen und guten eine gesellschaft
die sich vom menschen selbst befreit der mensch das selbst
interpretierende tier ging es bisher darum den willen der
natur zu respektieren so unterwirft die gentechnik den
willen der natur dem eigenen versiegt die quelle von mo-
tiven empfindungen und welterschließung eine veritable
hölle

die zeit I

grabe nur mit deinen händen in der erde lass
sie durch deine finger rieseln nichts wirst du
greifen nichts wirst du finden es sind deine
hände deine hände sind im weg du hast sie
fremd gemacht in dir nichts wirst du greifen
außer deinen schatten ja abends wenn die
zeit zu ende geht ist es besonders schmerz-
haft misst du die zeit in liebe hass in furcht in
zuversicht ? misst du die zeit in frieden oder
krieg ? als gewinner als verlierer ? zeit ohne
ende das ende nicht gedacht die zeit im kreis
die zeit im all das endlose im endlichen das
sein der schnecke ist die zeit das der blume
das des steines die zeiten nicht gewusst um
die zeit betrogen kein gott wird ewig warten
wollen gieße deine zeit nicht über mich und
frage nicht wie lange das gestern schon währte
und das morgen noch sein wird sage nicht so
war es ist es und so wird es sein dein gestern ist
zu lang dein heute ist zu kurz dein morgen ist
verstellt ein funke ? eine ewigkeit die nacht ?
ein tag ? ein paar tage mehr als sieben ? wie
viele stunden hat ein tag des gottes ? die zeit
dreht sich im kreis sie wird im kreis gedreht
die zeit sie hat ein ende wird beendet die zeit
wird zugeschüttet werden wie viele kreise sinds
gewesen ? wie viele werdens sein ? das licht er-

zählt die zeit die zeit wird im gehirn gemacht
voran getrieben bis ans ende bis er kommt ist
es zu lang das stück wer ordnet diese welt und
diese zeit ? und schreibt sie nieder die entwürfe
der vergangenheit ? sprich nur mit dir selbst
die beiden seiten sind nur deine grabe grabe
tiefer schicht um schicht nach deiner zeit grabe
grabe tiefer leg dir die perlenschnur um deinen
hals und schmücke sie mit deinem bild

die zeit II

die zeit aus sand die zeit der langsamkeit der
zeit voraus die zeit aus lehm die zeit besiegen
das runde mit dem eckigen

stein durch beton beton durch stahl und glas
und stein beton und stein und glas und stahl
und stein beton der zeit voraus sie überholen
zeit der schnellen sprünge

wo bleibt sie ? wo ist ihre grenze ? neue zeiten
finden anziehung der massen glühend flut und
ebbe harmonie der turm kann kippen stürzen
wir verstehen nur die gummihaut und ihre
delle röhren in der raumzeit türme nicht die
wirklichkeit verzerrte bilder wie wahr ist unser
bild der sterne?

gebeugtes licht der bilder trauen dem empfin-
den ? ein leben nach der zeit ? ein leben mit der
zeit ? die zeit will nicht vergehen rast im flug
sie rast sie kriecht wie alt bist du gehirn ? wir
haben keine zeit im kopf sie wird gemacht er-
zeugt erfunden vom gehirn zerhackt das auge
schnell die haut ist langsam

was bleibt ? der sand hinweg gespült hinweg ge-
weht der staub für eine neue zeit der langsamkeit

die zeit III

was bleibt?
das feuer
das verdampfte meer
der staub
das wort?
und
wessen staub
und
wessen wort?

baumringe

gebrochene ringe
gebrochene hülle
gebrochene zeiten

und in den rissen

das geheimnis
der ringe
und der zeiten

der wind

du
fragtest
nach dem wind

aber
draußen
haftete
nicht einmal mehr
staub
an den stätten

doch dann
im vorbei
weckte ein leiser atem
der von weit weit her
tanzenden staub von sternen
über alles hauchte
einen baum

und ich dachte
ja
er ist
der wind
er ist

der winterwind

letzte blätter weht er fort
von meiner haut
sie fliegen in den nebel
und als krähenschreie
kommen sie
zurück
zu mir

der sommerwind

ich schenk ihn dir
den duft der pinien
gehaucht
auf deine haut
im mittagsschatten

die eisblume

die blüte
in der blüte
das bild
im bild
wo ist das ende dieser zeit
wo der anfang
der gefrorenen vergänglichkeit

wohin?

wohin
und was
in dieser jahreszeit?
nichts auf dem weg
und nichts am ort
nichts in der nähe

ein stöhnen?
lieder?
ein paar lichter?
schulterklopfen?
und das am falschen ort?

in der stadt

menschenzüge
leiber
leib an leib gedrückt
voran
durch neongassen
weiter
immer weiter
fort

montpellier
im sommer 2006

heute bin ich durch die stadt gewandert
chateau d'eau
arceaux
wohin das wasser floss?
für wen?
wohin es fließt?
ein weg im kalk
und dann?
viele kleine ströme
die verweilen
rue rebuffy
mit schattenbäumen
wissend
wohin wässer fließen
folge ihnen
und äolos wird dich küssen
haben sie gesagt
und du wirst wissen

meine liebe

rue rebuffy

von den göttern
aus dem nichts getragen
von winden gesät
klang sie mit den düften
durch die gassen
und schattigen alleen
über sonnige plätze

spielte an den bögen und schnörkeln
steinfarbener fassaden
und ließ sich am abend
unter dem baum
auf der bank
in der rue rebuffy nieder

und der kellner merkte es
und war ganz ergriffen
und umarmte sie
und freute sich
und sie war glücklich
dass er sie erkannte

und sie küsste alle
die da saßen

unsere augen

licht des südens
das van-goghsche flimmern
in und über allem
den roten dächern, dürren feldern, schattenplätzen

licht des nordens
schein der kerzen
licht der sterne
und des vollen mondes
über wäldern

dass unsere augen
uns dies alles spiegeln mögen
das wünsch ich dir und mir

landschaft

die wilde landschaft
von stein und mann
von frau und sand
und himmel und erde und bergen und frau
von hütten und wollen
und mädchen und mann
und wiese und kind
und frau und nacht
und tag und mann
und frau und können
und kind und frau
durchwandern wir seit jahren

finden wir doch einen platz
in ihr

sommertag

dialog mit rilkes ‚herbsttag'

es ist noch zeit
du ewiger
die sonnenuhren gehen noch
und die winde sind noch weit
die früchte brauchen ihre zeit

gib sie ihnen
und die sonne
die sie brauchen
sie werden sich vollenden

und das haus wird fertig sein
im herbst
und niemand wird alleine
durch alleen wandern müssen
wo die blätter treiben

der weg der liebe

danach
davor
die zeit
war schuld
warum hat sie sich verirrt
im labyrinth
von was auch immer?
gemalte sätze
und zurück?
und vor?
kein satz trifft zu
der irrweg
dass sie alle gelten
lieben
spielt immer
zwischen allem
und dem nichts
beginnt mit ihr
auch schon ihr ende?
und was bleibt?
die zeitensprünge in den köpfen
im jetzt
in der vergangenheit
und in der zukunft
wird sie wahrgenommen?
in den zeiten
ihre sprache

die erinnerung
an die vergangenheit
den plan der zukunft
sie braucht den kollaps
und die wiederauferstehung
sie braucht
den blick aufs meer
das unbeschreibliche versinken
das vergehen
mit der sonne
und ihre neugeburt
im morgenblau des meeres

der friedensfluss

den atem fühlen
sanfte töne auf die reise schicken
über meine erde
deine erde
in unendlich weite ferne
in das unberührte land des baumes

sanft wird es herüberschallen
und du weißt
an den mündungen der flüsse
wird friede sein

ansprachen

worte rauschen seelenentblößt
durch tage und nächte

schwindelerregend schnell
und marodierend
exekutierend
rund um den erdball

ist die seele noch nicht nachgereist?
oder schon davongeeilt?

tagebau hambach

ausgeräumt
alles durchwühlt
kein weg hindurch
kein weg zurück
alles ist in wert gesetzt

lok nummer 529
zieht vergangenheit zum ofen
özal imbiss
zu verkaufen

nein
kein land mehr um zu leben
nicht einmal zu sterben

die zeit ist
fortgebaggert
und verbrannt

welten

die welten
sie sind so erdrückend
in welcher lebe ich?
in welche sterbe ich hinein?

das nichts

nächte ohne worte
kein gedanke mehr ist heimat
schwebt bedrohlich leere
durch den raum
schwingt erstickend nichts
durch dunkelheit
und setzt sich fest
in allem
was bisher noch offen war

das nein in der liebe

das nein
erklärte ich beim wein
das sei ganz wichtig

und sie fragte mich
müsstest du bei mir denn manchmal
auch nein sagen?

ich zögerte
nein nein
auf keinen fall

und ich fragte sie
wie ist das denn bei dir?

nein nein
niemals
nein nein

die eigentlichkeit der liebe

eigentlich
ja ja
das denke ich
ja ja
ich denke es
ja ja
dass du und ich
und du
das überlege ich
und du vielleicht doch auch
ist doch möglich
oder nicht?
ja doch
und eigentlich
ja bin ich ja
ja ja
und du vielleicht doch auch
ja klar
ja eigentlich
ich meine
man hat ja
hat ja alles
oder?
man könnte doch
ja oder
kann man mehr?
du willst doch auch

ja ja
man muss doch wollen können
ja eigentlich
ja sagen wir
mal wollen
oder etwas können wollen?
ja eigentlich
doch ja
ja eigentlich

baumfolter

immer abends
kam das grelle licht zurück
und hämmerte auf seine haut
wollte kein ende nehmen

und innen
litt es still
in ihm

und alles in ihm sagte
nur ruhen wollte ich
nur ruhen

und dann im herbst
erlosch die kraft
allmählich

und früh im jahr
als sich das grün ringsum entfaltete
da war da nur noch braun
ein totes braun

zum valentinstag in liebe

und wieder wird gekillt
was soll man sonst auch machen
als genüsslich diese leere hülle zu zerbrechen
wenn man sonst nichts hat
kopf ab
beine weg
und dann alles noch mit beiden händen richtig klein
zerstückeln
damit es in die kleine schale passt

bitteschön
mein liebes
ein nikolaus
für dich
zu valentin

was ich alles noch so will

ich will
noch auf die höchsten berge
und in die tiefsten täler

ja

an die sonnigsten strände
in die schattigsten wälder

ja ja

in die unendlichste weite
und in die größte nähe

na klar

die schönsten stimmen hören
und den leisesten tönen lauschen

ja natürlich

den sanftesten atem spüren
und das wildeste stöhnen hören

ja

dann mach doch endlich!

tanz im herbst

mit dämmerung
und abendwind
tanzen sich die blätter
vor das haus

haben sie noch einen grund dazu?
oder ich?
oder du?

abenddämmerung in der bretagne

während
die untergegangene sonne
flussaufwärts
noch glühende wolken
auf türkis zaubert
leuchtet im süden schon
ein freundlicher halbmond
über dem sanften grün-blau des odet
der sich dort
in die weite des abendlichen atlantiks ergießt

davor und danach

ob jetzt
ob gleich
ob morgen
oder übermorgen
ob nächstes jahr
ob dieses
ob nach
ob vor deiner geburt
ob vor
ob nach dem liebesakt
ob vor dem sturm
oder danach

die zeit ist ganz banal
sie ist einfach mal eben

und doch
du bist ihr ständig unterlegen

oder du dir selbst?

rätsel

wenn leben
einfach so
banal gemacht wird
dann ist es zeit

für was?

das zeitgemälde

reich ihr die hand
geh mit ihr
versuch sie nicht zu drängen
das will sie einfach nicht

du bist beim falschen ich
das ich
das richtige
das kennt nur sie
das ist die zeit

mal dir ein bild
von deiner zeit
mal es in den sand
auf felsen
auf papier
auf jeden fall

du musst es malen

der lebensfluss

ein fluss
der selbst nicht endet
wenn er das meer erreicht
und man denkt
es ist sein ende

männer

männer sind mimosen
wenn sie denn richtige männer sind

die 2010er jahre:

der supergau von fukushima

aufstände im nahen osten und nordafrika

flüchtlingsdramen im und um das mittelmeer
bis in die mitte europas

erstarken rechtsradikaler und populistischer strömungen

mallorquinischer sommer

während auf sorgsam angeordneten strandliegen
schwitzende körper
verstohlene blicke von lust
oder demonstrativer gleichgültigkeit austauschen
und in japan wieder die erde bebt
und die reaktoren fukushimas weiter strahlen
und die feuilletonisten schreiben
hoch lebe china
vergesst europa
und man in norwegen
der siebenundsiebzig morde
des anders behring breivik gedenkt
fragt man sich in deutschland
wie man schweine glücklich machen kann
was man ihnen denn so alles schenken könnte
spielketten und bälle beispielsweise
auch schweine sollen schließlich spaß haben

madeira im dezember 2011

ist das eukalyptusholz
was am morgen da noch glüht
im offenen kamin?

scheißegal
wie's immer sein mag
es ist wohl dies verdammte gestern

irgendwann
schau ich es an
vielleicht demnächst
vielleicht auch später
vielleicht von oben
von den bergen
den levadas
wo die eukalyptusbäume wachsen
schau ich dann aufs meer
und nutze diesen augenblick
das alles zu verstehen

in memoriam george orwell

in dieser zeit
vergisst du sogar noch die himmelsrichtungen
und deinen kompass haben sie dir sowieso schon
weggenommen

dubliners 2012

passers by
cling to their mobiles
in front of concrete skeletons
with empty holes
abandoned
by excessive greed
for wealth
and power

sommer 2012

wassersonne
wasserwolken
wassererde
tausend sommerregentage
regengüsse
prasseln ständig
auf die seele nieder

die sogenannte vernunft

wir wissen nicht mal
was das ist
vernunft
geschweige denn
woher sie kommt
und wer sie macht
und bohrend in uns pflanzt

draußen und drinnen

das draußen bringt mir nix
das drinnen auch nicht mehr

nur die glocken
die einfach so vom kirchturm schallen
die tun mir ganz gut

das schweigen

im schweigen
steckt die botschaft
bitte höre
was ich nicht sage

sonnenuntergang

wo kommt elend gerade nicht zur ruhe?
wo tanzt freude?
wo quält schmerz?
und wo erwacht das glück?
vierundzwanzig stunden lang

und die wolkenberge schweigen
ahnungsvoll

wo bin ich?

rausgeschleudert
aus dem kreis
im irgendwo
ich schüttle mich
und frage mich
wo bin ich denn?
was ist das hier?
wer ist denn die?
was will denn der?
und überhaupt
kenn ich das nicht alles schon?
das ist ja alles
ja
was ist denn das?

am frühen abend auf der plaza cespedes
in santiago de cuba 2014

der frisör am rand der plaza
steht mit seiner schere da
only little bit senor
er will an meinen bart
ich lache
no
und er lacht auch

auf der plaza wird getanzt
und fahrräder gibts da
auf denen kinder friedlich ihre runden drehen

auf dem balkon des casa granda
mit den weißen säulen
wo markisen schatten spenden
bestelle ich cerveza einen double ron
und die chica gegenüber geht
mit männern
und die sagen im vorbeigehn
only to learn spanish

auf der plaza gehen die laternen an
die magie des abendlebens macht sich breit
taucht flanierende in warmes licht
die karibikwolken spiegeln letzte sonnenstrahlen

blaue balkone
schauen freundlich zu
selbst der engel mit posaune
lächelt von der kathedrale
alles scheint zu lächeln
auch die touristen
hand in hand mit den kubanerinnen

guantanamera
mit gitarre
schallt von der plaza
abendblau mit wolkenschatten
über allem

ein musikant fragt
quiere musica?
si si sag ich
er lächelt
y tu nombre?
miguel

weiche stimme
weiche klänge
und ich schaue auf die plaza
keine grelle leuchtreklame stört die friedlichkeit des
abends
quizas, quizas singt er
wer weiß
wer weiß
wie lange noch?

labrador entdeckt

viele male hatte ich ihn schon genutzt
meinen balkon
an der südwestseite
meines eigenheimes
bis ich mich an einem schönen sommerabend fragte
was denn wohl ganz weit im westen
so verborgen liegen möge
dort wo gerade neben unserm kirchturm
die sonne unterging
rotglühend

ich nahm meinen alten schulatlas zur hand
und folgte unserm breitengrad nach westen
und ich stellte fest
es war labrador
ja labrador
fand ich heraus

eine überraschung
das hatte ich zuletzt vermutet

und ich schloss die augen
und ganz langsam stiegen bilder hoch in mir
bilder von wasser felsen eis
von unendlich weiten tundren
von fjorden
seen

eisbergen im blaurotgelborange des nordens
landschaften in grün und weiß und braun und blau

ich fühlte
schnee und eis
und wind und kälte

es roch nach gras und wald und meer

ich sah und fühlte
roch dies alles
und ich wollte bleiben

aber dann
im versuch es festzuhalten
verblasste alles
und verlor die farben
der geruch verschwand
und verwandelte sich wieder
in die sicht auf diesen kirchturm
mit dem dröhnen von motoren aus der nähe

regentage im frühling

wieviele regentage hat ein frühling
wieviele haben sommer, herbst und winter?
die forsythien entfalten ihre blüten
sie fallen mit dem regen
die amseln sammeln würmer für die brut
was sollst du glauben?
zwei kerzen angezündet?
oder mehr?
mit blick in den ergrauten himmel
blüht da etwas auf?
was ist denn meines?
deines?
was erlöscht?
und was wächst da gerade neu?
lernen wir jetzt liebe?
die zeit wühlt erde auf
das innenleben
es ist ruhig draußen
im frühlingsregen

wenn du willst
ruf mich doch an!

der kampf mit dem grammophon

was mach ich bloß mit diesem kasten?
gekauft bei einem trödelhändller
in berlin vor vielen jahren
ist er gewandert
mitgeschleppt von mir
mit meiner vergangenheit
und die schönen alten schellackplatten
weißt du wieviel sternlein stehn?
ich freue mich, dass du geboren bist
das sehnsuchtslied von zarah leander
alles mitgeschleppt
und jetzt?
soll berlin passee sein?
und die platten auch?
wie oft hab ich sie abgespielt
an diesen vielen orten wo ich lebte!
allein mit anderen
soll ich das behalten?
und immer wieder wecken?

oder begraben?
das grammophon
ein kasten
schwarz
ein sarg

was will ich denn behalten?
was zerstören?
warum zögre ich?
das wochenlange denken
was mach ich denn mit diesem kasten?

ihn weiß anstreichen?
und mich mit ihm versöhnen?

endlich hab ich nun beschlossen
ihn kaputt zu haun
und leg einfach los
ganz plötzlich
ohne weiter nachzudenken
mit dem hammer schlag ich wie besessen drauf
entschieden ist entschieden
rede ich mir ein
das schwarze holzgehäuse fliegt in fetzen
den federantrieb reiß ich raus
und endlich ist's getan
nach monaten des grübelns

und was hat nun gesiegt?
wollte ich das unerträgliche zerstören?
sollte jeder tag ein neuer sein
frei von der vergangenheit?
muss denn dafür alter kram verbrennen?

jetzt liegen diese trümmer da

ich betrachte sie ein letztes mal
und werfe sie ins feuer
stück für stück
wird meine vergangenheit zu asche

beobachter im postfaktum

aus scheinbauten
am rande von scheinwelten
ist die sicht ganz gut

man kann alles sehen
alles erklären
alles beurteilen
und alles verurteilen

leben im alter

aufräumen
wegräumen
räumen
räume
raum

glaube

als erklärung
für das unerklärliche geboren
lebt er seit jahrtausenden
mit vielen namen

mit den erkärungen für dieses unerklärliche
tat sich aber immer neues auf
noch größere geheimnisse
mit vielen namen

und allmählich offenbart er sich
so glauben wir
als energie von allem
geist in allem

unerklärlich

bei sich sein

eine ahnung von dem bei-mir-sein
ergriff mich eines abends ziemlich spät
ich brauche nur noch ein gewand
das meines ist
so dachte ich
und meine epsons brothers und die apples
die werde ich zerstören
so beschloss ich
unter zeugen
den geistern von weit her

aber sie sind jetzt noch da
diese geräte
voll funktionsfähig
und die geister schweigen

wofür leben

ein halbes leben
für die überzeugung?
die andere hälfte
für das überleben?
und dann fort
mit klängen
ohne klang?

ein herbstabend 2014

ein herbst
am mittwochabend
ein glas wein
zwei lächeln
und ein pelzschuh
der berührt
das warme licht
wirft falten
die spätes unerwartet wecken
durch blicke
scheint das haus
das rilkesche
hindurch
es ist gebaut

die zeit IV

die zeit
ein mantra?
ein gebet?
ein dios te salve maria?
ein vater unser?
wie können götter das verstehen?
ja wo sind sie denn gewesen
in der vergangenheit
die auch noch zukunft ist?
in einem kreis?
in einem hauch
der warm berührt?
in einem wort
das immer schallt?
in vielen worten
die berühren
weil sie im kreise sind?
gedanken worte
die sich treffen?
wo alles fließt
vielleicht zurück und vor?
in vielen kreisen?
oder haben götter eine richtung?
in ihrem kreis und unserem?
auch eine richtung das sind zwei
vergangenheit und gegenwart
die worte die gedanken das getane

die bilder unsrer ewigkeit
unsrer worte und gedanken
und die von diesen göttern?
sind sie maler unsrer kreise?
haben sie sich selbst und uns gemalt?
in ihren kreis hinein?
wo sind wir denn in diesem kreis
der zeit?
in ihren bildern der unendlichkeit?
war es am siebten tage gut?
ihr unendliches gemälde
mit ewgem klang von worten und
von bildern
aus vergangenheit und zukunft?

sonnenuntergang an der westerschelde
im oktober 2016

mit blick auf diese vielen frachter
von und nach antwerpen
auf der terrasse eines strandcafes
im t-shirt zu zweiachtzig
trinken wir caapse pracht
wein aus südafrika
weil billig
aus einer karaffe
zu nur neunundneunzig cent bei hema
alles billig also

und was transportieren diese frachter
nach antwerpen wohl?

sie verraten ihr geheimnis nicht
sie lassen alle fragen hinter sich
die vielen schiffe
und tragen ihre unbekannte ladung
in den abenddunst der westerschelde

und lassen menschenwürde
wo auch immer
hinter sich

siehe unser t-shirt
unsern wein
und unsere karaffe

im supermarkt

ein kind
im einkaufswagen an der kasse
nimmt seinen schnuller aus dem mund
und zeigt auf einen jungen neben ihm
und ruft
der ist ein verlierer

was sagst du da?
fragt seine mutter
und packt weiter wortlos und gelassen
ihren einkaufswagen voll
und schiebt ihn mit dem kind zum auto

wer ist denn hier verlierer?

ohne brille

ich will die brille nicht mehr tragen
die ist von anderen gemacht
verformt den blick
verfälscht

ich werf sie weg
und setz sie niemals wieder auf

oder?
mal sehen!

wohin mit sinn?

wohin setzt man sinn
in dieser zeit?
in sand?
auf tafeln?
auf papier?

mach es zeitig
ohne geistige gefangennahme
denn das gedächtnis sagt nicht tschüss
es verschwindet ganz klammheimlich

seelenringe

stetsfort
neue ringe
auf die seele
unterschiedliche
in zeit und licht
gefühlte

umwachsen
bleiben sie
ein wundervolles bild

ein rap

das beste haben
besser sein
du musst
mehr haben
besser sein
du wirst
mehr haben
besser sein
und irgendwann
bist du der beste
hast das meiste

und irgendwann
hat jeder alles
und das meiste?

alles klar?

glaube und hoffnung

konkurrenz macht die gewinner
gewinner sein gilt immer
überall

gewinner kann aber nicht jeder sein
ein solches spiel hat auch verlierer
und deren fall ist tief

angst macht sich breit

Urlaub an der Cote d'Opale
Sommer 2017

Ich liebe diese Küste am Cap Blanc Nez im Norden Frankreichs.
Mit ihren imposanten weißen Kreidefelsen und dem grünlich-blauen Meer hat sie etwas Magisches.
Ihre Farben sind wie Opal, wie der Edelstein, der der Küste seinen Namen gegeben hat.

Bei Ebbe erstreckt sich vor der felsigen Steilküste ein unendlich weiter Sandstrand.
Bei Flut prallen die Wellen gegen die abgebrochenen Gesteinsbrocken der Kreidefelsen und erzeugen eine Gicht, die über alles einen magischen Schleier legt.

Aber nicht nur das macht den Reiz dieser Küstenlandschaft aus.
Bei gutem Wetter hat man auch eine imponierende Sicht auf die andere Seite der Meerenge, auf die Kreidefelsen von Dover.
Und dazwischen, auf dieser am meisten befahrenen Meeresstraße der Welt, bewegen sich unzählige Frachtschiffe von Ost nach West und umgekehrt.
Und hin und her bewegen sich auch wie zum Greifen nahe die gigantischen weißen Fähren, die pausenlos Menschen und Maschinen zwischen Calais und Dover transportieren.

Vom Cap Blanc Nez und seiner Umgebung sieht man auch bei gutem Wetter ganz deutlich dieses ausgedehnte Gebiet am Stadtrand von Calais, das sich mit seinen Einkaufszentren, dem Bahnhof und den weiten Gleisanlagen bis zur Einfahrt des Kanaltunnels erstreckt, letztere martialisch von gigantischen Sperrzäunen umgeben. Die hat die britische Regierung von Frankreich gefordert und mitfinanziert.

Die Zäune sollen illegale Immigranten, die auf irgendeine Weise durch den Tunnel nach England gelangen wollen, eben davon abhalten.

Sie erinnern mit ihren polizeibewachten dreifachen Sperren aus Gittern, Maschen- und Stacheldraht an die Grenzen der DDR.

Man weiß aus den Medien, dass sich in diesem Sommer 2017 in und um Calais wieder viele dieser sogenannten illegalen Immigranten verstecken. Sie versuchen immer wieder, auf jede denkbare Art und Weise nach England zu gelangen: als blinde Passagiere versteckt in LKWs mit der Bahn durch den Tunnel oder auf einer der Fähren.

Viele kommen dabei um. Nur ganz Wenigen gelingt es.

Ja, nach der Räumung des wilden Flüchtlingscamps in Calais durch die französischen Behörden sind sie wieder da, jene Menschen aus Afrika und Asien: Väter, Mütter, Kinder, die auf eine Möglichkeit hoffen, zu ihren Verwandten, Freunden oder Eltern in England zu gelangen. Um nicht aufgegriffen zu werden, verstecken sie sich in

117

und um Calais, auf Müllkippen, in Büschen und verlassenen Winkeln der Stadt.
Zwischen 450 und 700 seien es nach Behördenangaben, erfuhr man kürzlich aus der Zeitung.
Doch wer will sie gezählt haben? Es sind vermutlich mehr.

An den Anblick der Sperranlagen entlang der Gleise bis zur Tunneleinfahrt und an die vielen Nachrichten über Todesfälle und das unwürdige Dahinvegetieren der Menschen in ihren Verstecken, nur wenige Kilometer von der wundervollen Cote d'Opale entfernt, hat man sich gewöhnt, auch als Tourist.
Auch ich muss zugeben, dass ich relativ emotionslos gegenüber diesem Problem geworden bin.

Doch an diesem Morgen lese ich, wie üblich, die ‚Voix du Nord‘, eine lokale Zeitung, und bin bewegt und schockiert. Denn was ich lese, lässt mich trotz allen Wissens über die Situation und das Schicksal der illegalen Flüchtlinge erschaudern.
Ein junger Eriträer, so berichtet die Zeitung, sei auf der Autobahn A 16, ganz nah bei, umgekommen.
Er wollte, so lese ich, heimlich auf der Ladefläche eines Kleinlasters in Richtung Tunnel oder Bahnhof weiterkommen, um von dort, wer weiß wie, nach England zu gelangen.
Er fiel von diesem Laster hinunter auf die Fahrbahn und wurde von gleich mehreren Fahrzeugen überrollt und getötet.

Betroffen lege ich die Zeitung beiseite. Mein Frühstück schmeckt mir nicht mehr.

Doch, aller Betroffenheit zum Trotz, so denke ich, muss der Urlaub weitergehen.
Eine Strandwanderung steht auf meinem Tagesplan.

Der Himmel über der Cote d'Opal ist blau mit weißen Wolkenhaufen, Sommerwetter.
Die Ebbe hat an diesem Nachmittag den unendlich weiten Sandstrand entlang der felsigen Steilküste wieder freigegeben.
Die vielen Frachter, die die Meerenge befahren, sind in dem klaren dunstlosen Sommerwetter gut zu sehen.
Und besonders gut sieht man an diesem Tag die riesigen Fährschiffe, die zwischen dem nahen Hafen von Calais und England pausenlos hin und her fahren.
Und natürlich ist auch ganz besonders gut die Steilküste von Dover zu sehen.

An diesem Werktag ist der Strand unterhalb des Cap Blanc Nez jenseits der Zugangswege fast menschenleer. Nur ein paar wenige einsame Strandwanderer sind unterwegs.

Und so ist es sehr auffällig, als mir irgendwann eine Gruppe von Menschen entgegenkommt, etwa fünfzehn Personen, die sich beim Näherkommen als dunkelhäutig erweisen, begleitet von drei Weißen.
Ich sehe, dass sie nach ein paar Schritten immer wieder

stehen bleiben und ihre Blicke über das Meer in Richtung englische Küste streifen lassen, auf die Kreidefelsen von Dover und auf die Fähren, die an diesem sonnigen klaren Tag zum Greifen nahe erscheinen.

Auch in meiner Nähe bleibt die Gruppe stehen.
Hallos gehen zwischen mir und ihnen hin und her.
Woher kommen Sie? frage ich auf Französisch einfach so.
Die dunkelhäutigen Menschen schauen sich irritiert an.
Einer der Weißen sagt, sie seien aus Calais, und er lächelt dabei vielsagend.
Ach ja, sage ich, und wir tauschen ein paar belanglose Floskeln über das schöne Wetter und den faszinierenden Blick auf das Meer und auf England aus, und ich gehe weiter.

Beim Weitergehen denke ich über das Lächeln des Franzosen nach.
Was hatte es denn zu bedeuten?
War es eine Gruppe illegaler Immigranten? Von den Müllkippen Calais? Mit ihren weißen Begleitern, die ihnen einfach etwas Gutes tun wollten? Sich um sie kümmerten?
Ihnen einfach einen guten Tag machen wollten?
Ihnen einfach mal das Land ihrer Träume zumindest aus der Ferne zeigen wollten, ein Land, das sie wahrscheinlich nie erreichen würden?
Und bei Versuchen, es doch noch zu schaffen, auf der nahen Autobahn überrollt und getötet oder in Containern ersticken würden?

Oder von Frankreich wieder abgeschoben in ihr Kriegs- und Armutsland zurück müssten?

Oder waren es einfach nur wohlhabende Touristen aus dem fernen Afrika?

Wie ich weiter mit nackten Füßen über den nassen Sand wandere, finde ich keine Antwort auf diese Fragen an diesem Sommertag an der schönen Cote d'Opale.

Die Sichtgrenze
Mallorca im Oktober 2017

Es ist wieder so ein warmer später Nachmittag von vielen in diesem Herbstmonat.

Bei einem Glas Wein mit Blick auf das Meer möchte man die Zeit anhalten – auf der Terrasse von Maria Eugenias Taverne an der Strandpromenade von Paguera.

Der weite Sandstrand leert sich langsam. Ein paar Cliquen Jugendlicher bleiben.

Das Mittelmeer liegt tiefblau und ruhig da, nur von sanften Wellen gekräuselt.

Am weiten Horizont trifft es sich mit dem Rot-Gelb-Orange, das die untergehende Sonne scheinbar ahnungslos an den Himmel zaubert.

Griechen und Römer beherrschten dieses Meer.

Mit etwas Fantasie kann man sich an seinen Küsten die vergangene Welt der Antike vorstellen.

Auf der Promenade von Paguera ziehen Touristenscharen an den Kneipen vorbei, soviele, dass sie manchmal den Blick auf das Meer und auf den weiten Horizont verstellen.

Und wie immer um diese Uhrzeit beginnen wie überall auf Mallorca auch hier in Paguera die Afrikaner ihre Kneipenrundgänge. Meist ab nachmittags durchstreifen sie die Straßen und Kneipen.

Und das schon seit Jahren, wie die Touristen wissen, die seit langem immer wieder in Paguera Urlaub machen.

Beladen mit billigen Uhren, Textilien und Plastikkrimskrams sprechen sie auch an diesem Nachmittag die Gäste auf Maria Eugenias Terrasse an:
Scheene Ringe, Uhren, Blinkelichter, alles original, gute Preis, gute Schal, echt Louis Vuitton, ganz billig, nur zwanzig Euro!
Und sie machen Späßchen, diese Afrikaner: Du hast so wunderschöne Haare, sagt einer lachend zu einem Touristen, der seine letzten drei Haare über die Glatze gekämmt hat. Der lacht auch, und seine Kumpels lachen mit.

Wer schon etwas länger hier ist, kennt die Gesichter der Verkäufer, und man hält ein kurzes Schwätzchen mit ihnen. Schon viel verkauft? Dann lächeln sie verlegen.
Manche der Touristen schütteln nur ablehnend den Kopf, wenn die Afrikaner an die Tische kommen.
Die meisten winken ab, no, no. Andere feilschen lange um den Preis und kaufen doch nichts.
Dieses Mal kauft niemand auf Marias Terrasse etwas.

Die Afrikaner ziehen weiter, mit ernsten Blicken, sobald sie auf der Promenade sind. Sie machen offensichtlich selten ein Geschäft.
Aber bei dem einen oder anderen Touristen hinterlassen sie doch vielleicht ein paar Gedanken, Bilder, Assoziationen, die auch mit diesem Meer zu tun haben.

Ich schaue wieder auf den Strand und über das Meer zum Horizont.
Hinter diesem wunderschönen Farbspiel sieht man sie

einfach nicht, die Bilder dieses Elends, aus dem diese Afrikaner auf Mallorca vielleicht kommen, nicht die Todesängste derer, die von Afrika hinüber wollen, von denen viele, vielleicht gerade, da man hier genussvoll seinen Wein schlürft, ertrinken.

Man sieht auch nicht die verlorene Hoffnung derer, die vor der Küste Libyens aufgegriffen und in Lagern gequält werden.

Nicht jene, die in Ceuta an den Zäunen hängen bleiben. Wieviele waren es schon dieses Jahr? Wieviele werden es noch sein?

Und, was ist nun mit diesen Afrikanern, die täglich überall hier ihre Waren anpreisen?
Wie sind sie denn hierher gekommen?
Und welches Elend haben sie erlebt und überlebt?

Auf jeden Fall versuchen sie, immer lustig zu sein und die Touristen zu bespaßen, denn Traurigkeit und Elend verkaufen sich nicht gut.

Ich nehme mein Glas, wende mich zu meiner Partnerin und sage, prost, meine Liebe, lass uns auf diese schönen Augenblicke trinken.

enigma

das licht war nicht der anfang
nein
es war die finsternis
und zeitlos war der anfang

er hatte also keine zeit
der gott
aber in der ewigkeit muss doch die zeit gewesen sein
und vielleicht noch andre zeiten?

kam denn aus dem nichts die ewigkeit?
und aus der ewigkeit die zeit?
wohnte in der ewigkeit die zeit?
und welche zeit?
gar alle zeiten?

der mensch kam gott sei dank erst spät
nach himmel erde pflanzen tieren
längst nachdem die zeit begonnen hatte
sonst hätten sie das alles gleich verhindert
diese menschen
oder alles nur zum fressen zugelassen
hatte nicht ein gott sie auch als herrscher auserkoren?

und nun reicht die zeit des menschen einfach nicht
die zeit des gottes zu verstehen
die zeit hinter dieser zeit

oder diese zeit von vielen zeiten
wohl reicht sie
um der eignen zeit ein ende zu bereiten

sind wir des gottes selbst?
sein einziges?

wieviele universen hat er denn geschaffen
dieser gott?
es wird sein geheimnis bleiben
solange wir auch zählen mögen
denn nicht mal was wir s e h e n
das verstehen wir

man weiß es nicht
denn was wir sehen gibt es nicht
unser hirn ist schuld
es konstruiert nur alles was wir sehen

ist er trotzdem schöpfergeist von allem?
auch von unseren hirnen?
die gibt es eigentlich ja auch nicht mal
alles ist ja doch nur energie

und warum denn überhaupt das ganze?

Inhalt

Der Autor:

F. Josef Ingermann
geboren 1947 in Stolberg
Anglist und Soziologe
Arbeit in Südostasien und Afrika
Mitherausgeber der alternativen Literaturzeitschrift ‚Fenster‘
Veröffentlichung von Lyrik in Zeitschriften und in einer Anthologie
zahlreiche Lesungen
Mitarbeit an Kinder- und Jugendbüchern
2012 erschien sein Erstlingsroman ‚Beckett & Mücke‘

Das vorliegende Werk ‚Zeitbilder‘ ist eine Sammlung von Lyrik und Prosa, die sich am Zeitgeschehen der letzten vier Jahrzehnte orientiert.
Es sind literarische Momentaufnahmen, geschriebene und beschreibende Bilder.
Manchmal sind sie aus Sachtexten herausgenommen und in neue Zusammenhänge gestellt und ergeben so einen neuen Ausdrucksgehalt.
Es geht um das Ringen des Menschen mit der Zeit, das Ringen in der Zeit, um Ohnmacht oder Macht.
Nicht zuletzt geht es um die Frage nach dem Gott, um das Gegensätzliche, das Beherrschende, das Vernichtende, aber auch um das Menschliche, ja, das Liebevolle.
Es sind Beobachtungen des Eigenen und des Anderen, einfühlsam und oft mit Ironie geschildert.